# Guía de Aprendizaje-Servicio Universitario

Natalia Verea García
Elena Arbues Radigales
Susana Santiago Neri
César Martín-Gómez
Lourdes Orejana Martín
Natalia Couto Calvo

EDICIONES UNIVERSIDAD DE NAVARRA, S.A.
PAMPLONA

© 2025. Elena Arbués Radigales - Natalia Couto Calvo - César Martín-Gómez
Lourdes Orejana Martín - Susana Santiago Neri - Natalia Verea García
Ediciones Universidad de Navarra, S.A. (EUNSA)
Campus Universitario · Universidad de Navarra · 31009 Pamplona · España
+34 948 25 68 50 · www.eunsa.es · eunsa@eunsa.es

ISBN  978-84-313-4092-6
DL  NA 2514-2025

Printed in Spain – Impreso en España
Imprime Podiprint

# Cupón para la Biblioteca Virtual

Accede a la versión eBook de este título por solo **1,99 €**. Con la compra de este libro puedes utilizar el siguiente cupón para la lectura en *streaming**desde la Biblioteca Virtual. **Sigue estas instrucciones** para visualizar tu libro:

1. Dirígete a la web de la Biblioteca Virtual en **https://ebooks.eunsa.es**.

2. En la web ve a **Iniciar sesión** e introduce tu email y contraseña. Si no estás registrado, deberás completar el proceso en **Registrarse**.

3. Tras registrarte, accede a la página del libro o lee el QR de esta página. Bajo el precio podrás **insertar el código oculto en el siguiente cupón** para activar la promoción.

Despegue para visualizar

Acceso directo al eBook

## Canjéalo en ebooks.eunsa.es

*Con acceso a internet desde cualquier navegador.

Colección: Apuntes

# Índice

# Prólogo

Secundino Fernández
*Vicerrector de Docencia de la Universidad de Navarra*

La Universidad de Navarra ha concebido desde sus orígenes la formación universitaria como una tarea integral que aspira a desarrollar en cada persona no solo la excelencia profesional, sino también el compromiso ético y social. En este horizonte se inscribe el Aprendizaje-Servicio (ApS), una metodología que une el rigor académico con la responsabilidad hacia el entorno y los demás, al tiempo que ofrece a los estudiantes la oportunidad de aprender sirviendo y de servir aprendiendo.

En los últimos años, la Universidad ha promovido con decisión la consolidación de esta metodología como una vía privilegiada para articular la docencia, la investigación y la acción social. Mientras se están aprendiendo los contenidos y adquiriendo las competencias propias de cada titulación, el ApS permite al estudiante situar sus conocimientos en contacto con la realidad y comprender que el saber universitario alcanza su plenitud cuando se pone al servicio de los demás. Esta convicción se halla en el centro de nuestra misión institucional: formar profesionales competentes y ciudadanos responsables, capaces de mejorar la sociedad desde el ejercicio honesto de su trabajo.

El impulso del Aprendizaje-Servicio responde, además, a una profunda sintonía con los retos que plantea el Espacio Europeo de Educación Superior, que reclama universidades abiertas al entorno, innovadoras en sus metodologías y comprometidas con la sostenibilidad y la justicia social. En este contexto, el ApS se presenta como una herramienta idónea para integrar los aprendizajes académicos con las necesidades de la comunidad, favorecer la adquisición de competencias profesionales y cívicas, y fortalecer el sentido de corresponsabilidad social que debe animar toda educación universitaria.

En la Universidad de Navarra, el proceso de institucionalización del ApS ha venido madurando a lo largo de la última década. Iniciativas como Tantaka (el banco de tiempo solidario), el programa Universitarios por la Acción Social (UAS) o los convenios con entidades sociales son expresiones concretas de esta vocación de servicio. A ellas se suman el Grupo Promotor de Aprendizaje-Servicio, el sello ApS, el recién creado Grupo de Innovación Docente de Aprendizaje-Servicio y diversas acciones formativas impulsadas por el Servicio de Planificación y Mejora de la Docencia, que consolidan un marco institucional favorable para el desarrollo de esta metodología en todos los niveles educativos.

Este libro nace en este contexto como un espacio de reflexión y de encuentro entre docentes, estudiantes y entidades sociales. Su propósito es recoger experiencias, inspirar nuevas iniciativas y ofrecer orientaciones que permitan incorporar el ApS en la vida académica de manera sostenible. No se trata solo de una guía metodológica, sino de un testimonio vivo de una comunidad universitaria que aprende a mirar el mundo con empatía, rigor y deseo de transformación.

El Aprendizaje-Servicio encarna de modo ejemplar el espíritu de la Universidad de Navarra: la búsqueda de la verdad y el servicio a las personas. Cada proyecto de ApS, por pequeño que parezca, refleja esa aspiración de unir conocimiento y compromiso, ciencia y solidaridad, en beneficio del bien común.

Sin lugar a dudas estas páginas ayudarán a seguir haciendo de nuestra Universidad un lugar donde aprender es también aprender a servir.

# Introducción

La Universidad de Navarra, en coherencia con su misión de servicio a la sociedad y su compromiso con la formación integral de los estudiantes, impulsa metodologías docentes que favorezcan un aprendizaje profundo, significativo y orientado al bien común. En este marco, el Aprendizaje-Servicio constituye una propuesta pedagógica especialmente valiosa, al integrar de forma articulada el aprendizaje académico con la implicación social, mediante la realización de proyectos solidarios vinculados a necesidades reales del entorno.

Esta guía tiene como finalidad acompañar al profesorado en la incorporación del ApS en su práctica docente e investigadora, ofreciéndole un marco conceptual claro, orientaciones prácticas y ejemplos inspiradores. Se trata de una herramienta que pretende facilitar el diseño de experiencias educativas que promuevan el desarrollo de competencias disciplinares, profesionales y éticas, al tiempo que fortalecen el compromiso cívico de los estudiantes y su sensibilidad ante los desafíos sociales actuales.

El ApS no es únicamente una metodología innovadora, sino una forma de entender la enseñanza universitaria como una experiencia transformadora, que articula saber, acción y responsabilidad. Desde esta perspectiva, el ApS refuerza el vínculo entre universidad y sociedad, fomenta la colaboración interdisciplinar, y contribuye al desarrollo del carácter y de los valores necesarios para liderar con sentido y responsabilidad los distintos ámbitos profesionales.

Invitamos, por tanto, a los profesores universitarios a explorar y profundizar en el ApS como una vía fértil para enriquecer su docencia e investigación, dinamizar el aprendizaje de los estudiantes y hacer de la universidad un espacio cada vez más comprometido con la mejora de la sociedad.

# ¿Qué es el Aprendizaje-Servicio (ApS)?

## Concepto

El Aprendizaje-Servicio constituye una filosofía, una metodología y un modo de organización que permite a los estudiantes combinar el aprendizaje de los contenidos curriculares y de las competencias de la propia asignatura con la realización de tareas de servicio a la sociedad. De esta manera, el estudiante consigue un aprendizaje significativo y lo aplica en la comunidad que le rodea. El profesor, quien acompaña en el proceso, aprende junto al estudiante y se convierte en facilitador y mediador en y con la comunidad (Santos Rego et al., 2018).

Integrar el ApS en la universidad, asumiéndolo como un modelo formativo, implica enfocar la educación superior de manera holística. Esto supone reorientar los objetivos académicos e integrar nuevas metodologías capaces de movilizar competencias académicas, sociales y profesionales que permitan activar la conexión entre el aprendizaje y la realidad social, lo que sitúa ante la necesidad de afianzar nuevos marcos competenciales para la formación docente (Naval, Arbués y Verea, 2016; Rodríguez-Izquierdo, 2023).

En este sentido, el ApS resulta especialmente valioso porque permite integrar los contenidos curriculares de una asignatura, las competencias profesionales y los valores cívicos en la resolución de necesidades reales y concretas, reconocidas como tales por la propia comunidad, mediante la realización de actividades de servicio (Furco y Billig, 2002; Baig et al, 2023).

Existen una serie de componentes que configuran el ApS y lo distinguen de otros conceptos afines, como son el voluntariado o las experiencias de aprendizaje basado en la comunidad. Martínez-Odría (2007) los sintetiza del modo que se refleja en la siguiente tabla:

**Tabla 1.** Componentes del ApS

| Componente | Descripción |
|---|---|
| Protagonismo del estudiante | Los estudiantes detectan necesidades y diseñan, ejecutan y evalúan los proyectos de servicio. |
| Atención a una necesidad real | La detección de una necesidad real es lo que determina el enfoque del proyecto y el éxito de sus resultados. |
| Conexión con objetivos curriculares | El diseño, ejecución y evaluación del proyecto se lleva a cabo entendiendo los objetivos de cada área curricular implícita en su desarrollo. |
| Ejecución del proyecto de servicio | El diseño del proyecto debe culminar en su ejecución, para dar así respuesta a la necesidad comunitaria detectada. |
| Reflexión | Es el elemento que favorece la evaluación continuada de las diversas fases y el que garantiza la interiorización de los objetivos de aprendizaje curricular. |

Nota: *Martínez-Odría (2007)*

En la tabla 2 se muestra con mayor claridad cómo varía el tipo de actividad según el énfasis que se pone en el servicio o en el aprendizaje. En el ApS, ambos componentes alcanzan un nivel de atención equivalente, integrándose de forma equilibrada en un mismo proceso educativo.

**Tabla 2.** Cuadrantes del ApS

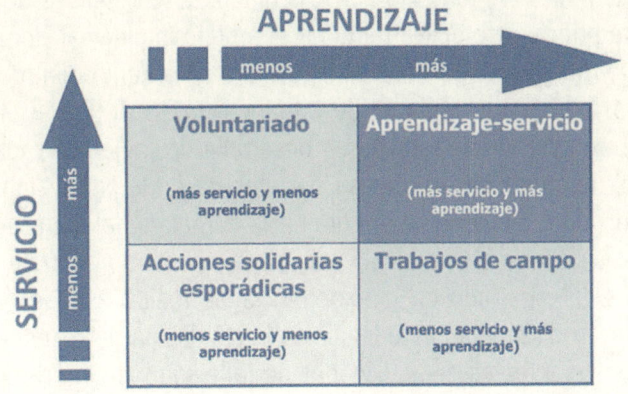

Nota: *Modificado de la Universidad de Stanford.* Service Learning 2000 Center (1996)

## El ApS como propuesta pedagógica

Como propuesta pedagógica, el ApS se dirige a la búsqueda de fórmulas concretas para implicar a los estudiantes en la vida cotidiana de las comunidades, barrios o instituciones cercanas (Puig et al., 2007; Gandara, 2022). Esta propuesta educativa, se articula a través de **prácticas pedagógicas y sociales** que se apoyan en la reciprocidad, en la adquisición de conocimientos y competencias para la vida, en una pedagogía activa y reflexiva, en la construcción de una red de socios comunitarios e instancias de conexión y apoyo y en el desarrollo de actividades con sentido e impacto formativo y transformador (Batlle, 2013; Furco y Billig, 2002; Martín et al., 2010; Martínez, 2008; Puig y Palos, 2006; Puig et al., 2007).

Con independencia del contenido específico que aborde cada una de las experiencias concretas, existen unas **condiciones pedagógicas** que dirigen las actividades que integran los proyectos de ApS. Entre ellas destacan: el aprendizaje a partir de la experiencia, el aprendizaje cooperativo, la reflexión sobre la acción y la guía que ofrecen los profesores (Puig et al., 2011).

La **primera condición** es **aprender haciendo**, actuando sobre necesidades reales en contextos bien definidos y susceptibles de mejora. Este principio se aplica tanto en el ámbito intelectual, como en el ámbito moral; y exige situar al estudiante en el centro del proceso educativo y otorgarle el papel de protagonista de su formación. Se trata de un aprendizaje que busca desarrollar lo mejor de cada estudiante, pero que no se interesa únicamente en la promoción y el éxito individual, sino que se orienta hacia la mejora del bien común. Además, se apoya en la consideración de que el aprendizaje más efectivo está enraizado en la experiencia, se realiza a través de la participación directa del estudiante en la resolución de casos reales y se potencia a través de actividades de reflexión y de pensamiento crítico (Dewey, 1938).

La **segunda condición** es **aprender de manera cooperativa**, llevando a cabo un trabajo coordinado entre diferentes agentes de un mismo territorio. Por esta razón, el Aprendizaje-Servicio requiere y, al mismo tiempo, fomenta la creación de redes, ya que son estas las que generan conexiones y dinámicas de colaboración, aportan coherencia a la respuesta frente a las necesidades sociales y aseguran la sostenibilidad de los proyectos.

La incorporación de proyectos de ApS constituye una fuente de aprendizaje para las entidades sociales y las instituciones educativas, una oportunidad para abrirse, repensarse y ofrecer un servicio más ajustado y de mejor calidad (Rubio, 2010). La cooperación se extiende también a las personas o grupos que reciben el servicio, y resulta conveniente que todas las actividades se desarrollen de manera colaborativa, en equipos de trabajo. El ApS no solo implica colaboración entre las personas, sino que casi siempre requiere una estrecha cooperación con socios comunitarios. Muchos proyectos de ApS se fundamentan en la creación de vínculos entre la universidad y las entidades sociales. Esta colaboración se extiende también a las relaciones que los propios estudiantes establecen con los representantes de dichas entidades, quienes ofrecen las oportunidades concretas de servicio (Naval et al., 2011).

El ApS presenta la relación entre los centros educativos y su entorno como un vínculo posible y necesario. Independientemente del tipo de servicio que se preste, en todos los casos, las actividades deben estar coordinadas entre la institución educativa y la institución del entorno social. Además, debe desarrollarse **en la comunidad**, puesto que las alianzas entre entidades e instituciones se organizan básicamente a partir de proyectos y objetivos concretos para realizar en el territorio. **Desde y para la comunidad,** porque parte de las necesidades de esta para darles una respuesta adecuada. Y **con la comunidad**, dado que los proyectos de ApS difícilmente pueden llevarse a cabo en solitario y de manera aislada, sino que es necesario hacerlo a través del trabajo coordinado entre los diferentes agentes educativos y sociales (Puig et al., 2011).

La **tercera condición** consiste en **aprender reflexionando sobre la acción**. Es fundamental dedicar un tiempo estructurado a realizar una reflexión sobre lo que se está haciendo —antes, durante y después del servicio prestado— para que las vivencias se interioricen y se alcancen aprendizajes significativos. Se inicia con la detección de necesidades y continúa con las reflexiones sobre los resultados, con el objetivo de mejorar las siguientes intervenciones (Furco y Billig, 2002). La experiencia adquirirá sentido pleno si logra tomar conciencia de lo que se hace, de por qué se hace, de lo que ha significado en cada momento, de cómo se ha vivido; en definitiva, de si se ha interpretado e interiorizado lo que se ha vivido (Naval et al., 2011).

La **cuarta condición** es **aprender con la ayuda de los profesores**. Estos pasan a ser acompañantes y guías que dinamizan el proceso animando a la participación, organizan, cuestionan, motivan, haciendo del aprendizaje una experiencia bidireccional y recíproca.

La tabla 3 recoge las características esenciales y distintivas del ApS como metodología educativa integral, mostrando su amplitud, su fundamento pedagógico y su impacto social.

**Tabla 3.** Elementos nucleares de la pedagogía del ApS

| |
|---|
| Método apropiado para la educación formal y no formal, válido para todas las edades y aplicable en distintos espacios temporales. |
| Se propone llevar a cabo un servicio auténtico a la comunidad que permita aprender y colaborar en un marco de reciprocidad. |
| Desencadena procesos sistemáticos y ocasionales de adquisición de conocimientos y competencias para la vida. |
| Supone una pedagogía de la experiencia y la reflexión. |
| Requiere una red de alianzas entre las instituciones educativas y las entidades sociales que facilitan servicios a la comunidad. |
| Provoca efectos en el desarrollo personal, cambios en las instituciones educativas y sociales que lo impulsan y mejoras en el entorno comunitario que recibe el servicio. |

Nota: *Puig et al. (2007)*

## El ApS como programa de acción

El ApS, entendido como programa, constituye un proyecto educativo con una clara finalidad social. Se trata de una propuesta singular que persigue dos objetivos complementarios: formar a los estudiantes como profesionales y ciudadanos, acercándolos mediante la práctica a las realidades y necesidades del entorno, y aprovechar ese mismo contexto social como espacio de aprendizaje que enriquece su formación académica en la disciplina o grado que cursan.

En los programas de ApS, el servicio a la comunidad y la adquisición de conocimientos ocupan un lugar igualmente prioritario y se mantienen en equilibrio. Se busca, al mismo tiempo, que el estudiante preste un servicio de calidad y que desarrolle un aprendizaje sistemático y bien integrado. De este modo, se favorece que el estudiante comprenda mejor el mundo y su papel en él, actuando no sólo desde una perspectiva profesional y personal, sino también social, en beneficio del bien común, uniendo así su formación ciudadana y profesional.

Entre los **requisitos** fundamentales para que un programa pueda considerarse de ApS, es indispensable que se base en una experiencia de servicio real y significativo que, al mismo tiempo, incorpore un aprendizaje académico sistemático y riguroso, no meramente casual o espontáneo.

Para que los programas de ApS alcancen la efectividad que señala Martínez (2008), es necesario que los universitarios se preparen en hábitos de crítica constructiva, habilidades sociales y sentido de responsabilidad cívica, de modo que puedan participar activamente en la compleja realidad que los rodea, contando con los recursos personales y formativos necesarios (Puig et al., 2011).

En el contexto curricular de las asignaturas, el ApS plantea diversos desafíos, ya que su implementación suele entrar en tensión con la limitada flexibilidad institucional de los planes de estudio: la fragmentación entre asignaturas, la brevedad de los periodos académicos, la dificultad para disponer de tiempos amplios de trabajo, la complejidad que supone salir del aula y la responsabilidad civil que pueden implicar las intervenciones en contextos extrauniversitarios, entre otros.

A modo de resumen, podemos decir que el ApS como programa de acción presenta las siguientes **características**:

- No relega el aprendizaje únicamente a los contenidos, sino que atiende a las diferentes dimensiones de la persona.

- Favorece el desarrollo de un aprendizaje práctico en un contexto real, acercando a los estudiantes al ámbito laboral y a las realidades sociales de forma más directa.

- Vincula el aprendizaje de contenidos académicos, competencias profesionales, cuestiones éticas y valores cívicos con el servicio a la comunidad.

- Fomenta espacios de participación ciudadana y permite establecer nuevos espacios de interacción entre la universidad y los diferentes agentes sociales, instituciones o poderes públicos en la búsqueda de soluciones conjuntas para afrontar los retos de la sociedad y mejorar el entorno.

- Aporta respuestas a las nuevas percepciones culturales que reclaman la reconstrucción de la identidad universitaria para transformarla y adaptarla a las necesidades actuales.

La diversidad de los contextos en los que se integran los proyectos de ApS, lleva a que no pueda hablarse de un modelo único de programa de ApS. Sin embargo, todos los proyectos pueden ajustarse a un esquema que sigue **cinco etapas básicas.**

**Tabla 4.** Etapas y fases de los proyectos de ApS

| ETAPA | FASES |
|---|---|
| I. Preparación del educador | 1. Análisis del grupo y de cada participante.<br>2. Detección de necesidades, servicios y transiciones.<br>3. Vinculación curricular.<br>4. Planificación del proyecto. |
| II. Planificación con el grupo | 5. Motivación.<br>6. Diagnóstico del entorno y definición del proyecto.<br>7. Organización del trabajo.<br>8. Reflexión sobre los aprendizajes y la planificación. |
| III. Ejecución con el grupo | 9. Ejecución del servicio.<br>10. Relación con el entorno.<br>11. Registro, comunicación y difusión.<br>12. Reflexión sobre los aprendizajes de la ejecución. |
| IV. Evaluación con el grupo | 13. Balance de los resultados del servicio.<br>14. Reflexión y balance de los resultados del aprendizaje.<br>15. Proyección y perspectivas de futuro.<br>16. Celebración. |
| V. Evaluación con el educador | 17. Evaluación del grupo y de cada estudiante.<br>18. Evaluación del trabajo en red con las entidades.<br>19. Evaluación de la experiencia como proyecto ApS.<br>20. Autoevaluación del educador. |

Nota: *Puig et al. (2007)*

Los resultados positivos en el aprendizaje competencial de los estudiantes que participan en actividades de ApS han sido ampliamente estudiados. Beneficios que se reflejan no sólo en los resultados de aprendizaje de los estudiantes, sino que también influye sobre una mayor conciencia multicultural, responsabilidad social y desarrollo cognitivo (Warren, 2012; Brozmanová, Heinzová y Chovancová, 2016). Sin duda, participar en este tipo de proyectos pedagógicos, fruto de las relaciones de partenariado establecidas entre centros educativos y entidades sociales, supone impactos directos en los índices de compromiso cívico de los estudiantes, lo que se refleja, entre otras mejoras, en un aumento de su motivación para una mayor participación social en el futuro (Moely *et al.*, 2002; Sotelino Losada *et al.*, 2019). Igualmente, existen estudios que demuestran que el Aprendizaje-Servicio refuerza el perfil competencial que los empleadores demandan a los universitarios en los procesos de selección (Ugarte *et al.*, 2021). Sin duda, cuanto más conocimiento y destreza transfieran los estudiantes universitarios del aula a la comunidad, y viceversa, mejor preparados estarán para afrontar los retos profesionales (Santos Rego, 2020).

En la tabla 5 se muestran las competencias transversales propuestas por Fuertes (2014) para la evaluación del alumnado en experiencias de Aprendizaje-Servicio. Dichas competencias abarcan dimensiones clave del desarrollo personal, social y profesional del estudiante, y permiten valorar de manera sistemática el impacto formativo del ApS más allá de los logros puramente académicos.

**Tabla 5.** Propuesta de competencias transversales para evaluar a los estudiantes en el marco de los proyectos ApS (Fuertes, 2014).

| Competencia | Ser capaz de |
|---|---|
| Trabajo en equipo | Integrarse y colaborar de forma activa en la consecución de objetivos comunes con otras personas, áreas y organizaciones. |
| Espíritu emprendedor | Realizar proyectos por iniciativa propia con la finalidad de aprovechar las oportunidades que presenta el contexto. |

| | |
|---|---|
| Orientación al aprendizaje | Utilizar el aprendizaje de manera estratégica y flexible en función del objetivo perseguido, relacionando la nueva información con los esquemas mentales previos. |
| Adaptación al entorno y tratamiento de las adversidades | Afrontar situaciones críticas del entorno psicosocial, manteniendo un estado de equilibrio físico y mental que permite a la persona seguir actuando con efectividad. |
| Autorregulación y conocimiento de uno mismo | Afrontar las propias capacidades y limitaciones, esforzándose para desarrollar y superarlas mostrando una actitud de interés y cuidado en las tareas a realizar. |
| Planificación y gestión | A partir de las necesidades del contexto, determinar de manera eficaz los objetivos, prioridades, métodos y controles para llevar a cabo tareas organizadas en un tiempo determinado. |
| Toma de decisiones | Elegir la mejor alternativa para actuar, siguiendo un proceso de reflexión y asumiendo la responsabilidad y las consecuencias de la opción escogida. |
| Sentido ético | Actuar para conseguir el bien moral de uno mismo o de los demás. |
| Liderazgo | Influir sobre las personas o grupos para contribuir a su desarrollo personal y profesional. |
| Responsabilidad y compromiso social | Aceptar y asumir el compromiso que supone su actividad al servicio de la sociedad y la colaboración con la comunidad. |
| Comunicación interpersonal | Relacionarse de manera positiva con otras personas a través de la escucha empática y a través de la expresión clara y asertiva de lo que se piensa y/o se siente, haciendo uso de la comunicación verbal y no verbal. |
| Resolución de problemas | Identificar, analizar y concretar los elementos significativos que constituyen un problema para resolverlo con criterio y de manera efectiva. |
| Orientación a la calidad | Buscar la excelencia en la actividad académica, personal, social y profesional, orientándose a la mejora continua. |

| Diversidad e interculturalidad | Comprender y respetar la diversidad social y cultural como un componente enriquecedor a nivel personal y colectivo que hace posible la convivencia entre las personas. |
|---|---|
| Pensamiento crítico | Analizar de manera racional qué implica reflexionar y cuestionar las cosas e interesarse por los fundamentos que dan origen a las ideas, acciones y los juicios propios y ajenos. |

## Ámbitos de servicio

Las **posibilidades de ofrecer un servicio a la comunidad** se abren a una rica tipología. Incluye la ayuda que se realiza en contacto directo con los destinatarios, la ayuda que se lleva a cabo desde el aula o sobre el terreno pero que no comporta contacto directo con la población beneficiada. También abarca la realización de actividades de concienciación e intervención cívica, destinadas a sensibilizar a la población general alrededor de un problema, injusticia, conflicto, o a influir en las políticas públicas para mejorar algún aspecto de la calidad de vida. De la consulta del trabajo de Martínez et al. (2008) se pueden extraer las siguientes tipologías:

- **Mejora del medio ambiente:** protección de fauna o flora, conservación de la naturaleza, reforestación, ahorro energético, limpieza, promoción de reciclaje, sensibilización frente a la contaminación, los residuos o la degradación del territorio.

- **Atención a personas y colectivos cercanos con necesidades concretas:** soledad de ancianos, personas con discapacidad, inmigrantes, riesgo de exclusión social, necesidades de apoyo formativo, víctimas de abusos o violencia, necesidades socioeconómicas.

- **Mejora de la calidad de vida de la población:** actuaciones cívicas reivindicativas, dinamización cultural, promoción de la salud, prevención de riesgos, compartir conocimientos, conservación del patrimonio, educación del tiempo libre, intercambios intergeneracionales, interculturalidad, mejora de la vivienda o entorno urbanístico.

- **Acciones vinculadas a causas solidarias y humanitarias de amplio alcance:** ayuda humanitaria, socorro frente a conflictos bélicos o desastres naturales, cooperación internacional, movilización por los derechos humanos, igualdad de género, derechos de la infancia, interculturalidad, lucha por la paz.

Independientemente del tipo de servicio que se preste, en todos los casos el servicio se convierte en una experiencia de aprendizaje que proporciona nuevos conocimientos, desarrollo de competencias y refuerzo de valores. Además, se aprende y se colabora en un marco de reciprocidad en el que ambos componentes, aprendizaje y servicio, se enriquecen mutuamente y forman un binomio inseparable en el desarrollo de prácticas valiosas para la formación de una ciudadanía activa y participativa y para la inserción en el mundo laboral (Martínez-Odría, 2007; Puig y Palos, 2006; Tapia, 2010).

# El ApS en la educación superior en España

En España, el ApS emerge como una metodología adecuada para responder a las propuestas de cambio sugeridas en las políticas educativas orientadas al desarrollo de competencias referentes a la sostenibilidad y la responsabilidad social.

El Estatuto del Estudiante Universitario (Real Decreto 1791/2010 de 30 de diciembre, BOE 31/12/2010) establece en el artículo 64.3 que las universidades favorezcan prácticas de responsabilidad social y ciudadana que combinen aprendizajes académicos de diferentes titulaciones y prestación de servicio en la comunidad orientado a la mejora de la calidad de vida y a la inclusión social.

El Documento Técnico aprobado por el Comité Ejecutivo y Plenario de la Comisión de Sostenibilidad sobre institucionalización del ApS como estrategia docente dentro del marco de la Responsabilidad Social Universitaria para la promoción de la Sostenibilidad en la Universidad (CADEP, 2015) mueve a los rectores de un considerable número de universidades públicas y privadas a promover la institucionalización del ApS como estrategia clave para una educación de calidad.

La propuesta de acciones de sensibilización para la implementación de la Agenda 2030 e inquietudes de las universidades en relación con el cumplimiento de los ODS realizada por la CRUE (2015) menciona en el objetivo 17 las alianzas para lograr objetivos y los proyectos de ApS como un modo de promocionar la cooperación universitaria.

La Ley Orgánica 2/2023, de 22 de marzo, del Sistema Universitario (LOSU), incorpora el ApS como parte de su compromiso con una universidad más comprometida socialmente. Este enfoque aparece mencionado especialmente en el artículo 18.4 sobre Cohesión social y territorial, mediante actividades que promuevan la inclusión, la igualdad y el desarrollo sostenible. En este contexto, se menciona el ApS como una herramienta clave para lograr estos fines. Y en el artículo 33.k sobre los Derechos relativos a la formación académica, en el que se reconoce el derecho del estudiantado a participar en actividades de ApS, integrándolas como parte de su formación académica; reforzando así la idea de que el compromiso social no es solo un valor añadido, sino un componente esencial del proceso educativo.

# El ApS en la Universidad de Navarra

El ApS se introdujo de forma explícita en la Universidad de Navarra en los planes estratégicos definidos por el Rectorado en el marco del Horizonte 2020. Sin embargo, la filosofía del ApS está implícita en la misión, visión y valores de la Universidad de Navarra desde su fundación en 1952, incluso cuando todavía no se había acuñado el término. La misión de "contribuir a la formación integral de los estudiantes", se concreta en una visión que contempla a sus egresados no solo "situados en la vanguardia del conocimiento", haciendo referencia al aprendizaje, sino también como "profesionales competentes, ciudadanos responsables, participativos y comprometidos". Una manifiesta finalidad de servicio y la aspiración a contribuir a la mejora material y moral de la sociedad se refleja en el ideario de esta institución educativa:

> Por deseo de su fundador, la Universidad de Navarra tiene desde sus comienzos una explícita finalidad de servicio, y aspira a contribuir a la mejora material y moral de la sociedad. Esta característica invita a conocer y dar respuesta a los problemas y necesidades sociales en campos relacionados con su actividad docente e investigadora: asistencia médica y sanitaria, estudios de cuestiones de actualidad, cooperación universitaria y muchas otras iniciativas de promoción social. La solidaridad es parte fundamental del espíritu universitario. La Universidad anima a los miembros de la comunidad académica a participar en iniciativas concretas de servicio a los más necesitados (cfr. "Aprender, vivir, servir" https://www.unav.edu/conoce-la-universidad).

El proyecto educativo de la Universidad de Navarra está orientado a la transmisión de conocimientos, pero también de actitudes y valores; trata de formar personas íntegras, con virtudes, espíritu de servicio y gusto por el trabajo bien hecho, preparadas para contribuir a la mejora de la sociedad. En palabras del fundador de la Universidad de Navarra:

> Es necesario que la universidad forme a los estudiantes con una mentalidad de servicio a la sociedad, promoviendo el bien común, el trabajo profesional y la actuación cívica. Necesitan ser responsables, tener sana inquietud por los problemas de los demás y espíritu generoso que les lleve a enfrentarse con estos problemas y procurar encontrar la mejor solución. Dar todo eso es tarea de la universidad (cfr. https://escriva.org/es/conversaciones/la-universidad-al-servicio-de-la-sociedad-actual/).

A lo largo del tiempo, en la Universidad de Navarra, se han impulsado iniciativas que de forma indirecta han contribuido a favorecer el arraigo del ApS. Entre otras: la iniciativa estudiantil de Universitarios por la Acción Social (UAS), la creación de un banco de tiempo solidario (Tantaka), así como la formalización de numerosas colaboraciones y convenios con entidades sociales e instituciones de diverso tipo para desarrollar actividades y proyectos docentes con un fin social. El Grupo de Investigación Educación, Ciudadanía y Carácter (http://www.unav.edu/web/educacion-ciudadania-y-caracter), ha consolidado una línea de investigación sobre ApS a través de la participación en proyectos competitivos junto a otras universidades españolas en la última década.

En el marco del Horizonte 2020, el ApS se introdujo de forma explícita en los planes estratégicos definidos por Rectorado. En las líneas de actuación propuestas entonces, se sugería al profesorado la posibilidad de introducir el ApS en su práctica docente, junto a otras metodologías. En este contexto, en el año 2017, se puso en marcha el Grupo Promotor de ApS con el cometido principal de potenciar y apoyar el ApS en el marco curricular, dar a conocer la metodología en los centros, impulsar la formación del profesorado y reconocer la labor de los docentes y estudiantes que participan en las actividades. Entre los hitos más relevantes de la labor de este grupo se encuentra la creación del sello de ApS.

La Estrategia 2025 prioriza que los estudiantes desarrollen las cualidades que hagan de ellos ciudadanos responsables, con profundidad de pensamiento, espíritu crítico y perspectiva internacional, capaces de entender su trabajo como un servicio a los demás y a la sociedad y, para lograrlo, se señala explícitamente que se impulsarán iniciativas docentes como el ApS. En este contexto el Grupo Promotor de ApS se consolida en el curso 2024-2025 como Grupo de Innovación Docente de Aprendizaje-Servicio (GID-ApS) cuyo principal objetivo es continuar impulsando el ApS y seguir contribuyendo a su institucionalización sostenible en la Universidad de Navarra.

## Requisitos para obtener el sello ApS en las asignaturas

Desde la Universidad de Navarra se han definido seis requisitos para que las asignaturas obtengan el sello ApS. Este es un elemento distintivo que aparece en la guía docente de aquellas asignaturas que incorporan esta metodología. Estos requisitos —que han de explicitarse en ADI— son los siguientes:

- El proyecto realizado satisface una necesidad real en la sociedad.
- Existe una colaboración y reciprocidad entre la academia y las entidades.

- El servicio prestado es coherente con los objetivos de la asignatura.

- Permite desarrollar competencias profesionales y sociales.

- Implica reflexión del estudiante durante todo el proyecto.

- Se evalúa el aprendizaje del estudiante y el servicio prestado.

## ¿Qué tengo que tener en cuenta a la hora de implementar el ApS en mi asignatura?

- Seleccionar el contenido curricular que los estudiantes van a aplicar en la realización del servicio.

- Identificar las competencias profesionales y sociales que los estudiantes van a desarrollar.

- Planificar los recursos necesarios.

- Establecer un porcentaje de evaluación para el contenido curricular, para las competencias y para la calidad del servicio prestado.

- Incluir a los estudiantes y al socio comunitario en la identificación de necesidades y la planificación del servicio (presencial/online/sin necesidad de presencialidad).

- Tener en cuenta en la evaluación del estudiante la valoración de la calidad del servicio emitida por el socio comunitario.

- Fomentar la práctica reflexiva sistematizada del estudiante a lo largo de todo el proceso.

- Dedicar al servicio el tiempo que el proyecto requiera (no hay un mínimo establecido de horas) para que resulte significativo tanto para el socio comunitario, como para el aprendizaje de los estudiantes.

- Asegurar que existe un convenio de colaboración entre la Universidad de Navarra y el socio comunitario y, si no fuese así, proponer la firma de un nuevo convenio.

- Consultar al comité de ética en el caso de que el servicio se vaya a prestar a colectivos vulnerables o se vaya a recoger información sensible de los beneficiarios.
https://www.unav.edu/investigacion/nuestra-investigacion/etica-para-la-investigacion

- Celebrar los resultados del proyecto con los estudiantes y el socio comunitario.

- Comunicar el proyecto (Batlle et al., 2022).[1]

El Anexo 1 recoge una tabla en la que se detallan las dimensiones consideradas para la evaluación de los proyectos de Aprendizaje-Servicio realizados.

## Trabajos Fin de Grado (TFG) Con enfoque de ApS

Un TFG con enfoque de ApS:

- Es una oportunidad de incorporar el ApS en el currículum del estudiante.

- Añade una modalidad de trabajos de investigación y de producción acordados con entidades.

- Se centra especialmente en dar respuesta a necesidades del contexto social identificadas por el centro o por el estudiante.

- Permite a los estudiantes ser protagonistas de experiencias transformadoras e integrales, desarrollando proyectos significativos a través de los cuales aplican los contenidos académicos adquiridos, con gran impacto en las comunidades donde las realizan y, a la vez, ellos aprenden de lo que las comunidades les brindan.

---

1. Cfr. Guía práctica para ayudar a estructurar la presentación por escrito y oralmente de un proyecto de Aprendizaje-Servicio (Batlle et al., 2022): https://www.aprendizajeservicio.net/wp-content/uploads/2022/06/GUIA-CUENTA-NOS-TU-PROYECTO-APS.pdf

- Permite trabajar esta metodología de manera más profunda que en otras asignaturas porque el TFG ofrece un marco temporal más amplio, una mayor autonomía del estudiante y la posibilidad de abordar problemáticas reales con mayor profundidad y continuidad.

En el Anexo 2 a este trabajo se incluye una propuesta de estructura y rúbricas orientativa para evaluar los TFG realizados con enfoque ApS.

# A modo de conclusión

El ApS constituye una valiosa oportunidad para renovar la enseñanza universitaria desde una perspectiva más humana, comprometida y transformadora. A través de esta metodología, el conocimiento académico se enlaza con la realidad social, y los estudiantes descubren que aprender también supone implicarse: mirar el entorno con sensibilidad, reconocer las necesidades reales de las personas y poner el saber al servicio del bien común.

Desde el Grupo de Innovación Docente para la promoción del ApS, queremos expresar nuestro sincero agradecimiento al profesorado de la Universidad de Navarra por su implicación en esta tarea educativa. Cada docente que se atreve a incorporar el ApS en sus asignaturas contribuye a hacer realidad una formación más integral, que une la excelencia académica con la responsabilidad social y el compromiso ético. Su esfuerzo, creatividad y acompañamiento son esenciales para que los estudiantes no solo adquieran competencias profesionales, sino también actitudes de servicio, reflexión y ciudadanía activa.

Gracias a su dedicación los proyectos de ApS se convierten en espacios donde la universidad se abre a la comunidad, donde el saber se comparte y donde la enseñanza se transforma en una experiencia significativa para todos los implicados. Con su compromiso, los profesores hacen posible una universidad que no solo enseña a pensar, sino también a servir; una universidad que forma personas competentes, solidarias y comprometidas con la construcción de una sociedad más justa.

# Bibliografía

Baig, M., González-Ceballos, I., y Esteban-Guitart, M. (2023). Universidades 360. La vinculación de tiempos, espacios y agentes sociales, educativos y comunitarios. *Revista de Educación a Distancia*, 23(74). https://doi.org/10.6018/red.540591

Batlle, R. (2013). *El Aprendizaje-Servicio en España: el contagio de una revolución pedagógica necesaria*. Madrid: PPC.

Batlle, R., Aymerich, J., Mendía, R. y Torregrosa, J. (2022). *Cuéntanos tu proyecto ApS*. Edebé. https://www.aprendizajeservicio.net/wp-content/uploads/2022/06/GUIA-CUENTANOS-TU-PROYECTO-APS.pdf

Brozmanová, A., Heinzová, Z. y Chovancová, K. (2016). The impact of service-learning on students' key competences. *International Journal of Research on Service-Learning and Community Engagement*, 4(1), 367-376.

CADEP (2015). *Institucionalización del Aprendizaje-Servicio como estrategia docente dentro del marco de la Responsabilidad Social Universitaria para la promoción de la Sostenibilidad en la Universidad*. Madrid: CRUE.

CRUE (2015). *Declaración de la CRUE ante los Objetivos de Desarrollo Sostenible*. Madrid: CRUE.

Dewey, J. (1938). *Experience and Education*. New York: Macmillan.

Fuertes, M. T. (2014). El ApS en el Practicum de la formación inicial del profesorado. Estrategia para la adquisición de competencias genéricas clave para la formación y el desempeño profesional. Publicia.

Furco, A., & Billig, S. H. (2002). *Service-Learning: The Essence of the Pedagogy*. Greenwich: Information Age Publishing.

Gandara, M. (2022). *Institucionalización del Aprendizaje-Servicio en la Educación Superior: experiencia de la Universidad de Deusto como estudio de caso*. [Tesis Doctoral]. Universidad de Deusto.

Ley Orgánica 2/2023, de 22 de marzo, del Sistema Universitario. (2023). *Boletín Oficial del Estado* (BOE-A-2023-7500). https://www.boe.es/buscar/act.php?id=BOE-A-2023-7500

Martín, X., Rubio, L., Batlle, R., Puig, J. M., & Palos, J. (2010). *Aprendizaje-Servicio (ApS). Educación y compromiso cívico*. Barcelona: Graó.

Martínez, M. (2008). *Aprendizaje, servicio y responsabilidad social de las universidades*. Barcelona: Octaedro.

Martínez-Odría, A. (2007). *Service-learning o Aprendizaje-Servicio: la apertura de la escuela a la comunidad local como propuesta de educación para la ciudadanía*. Bordón, 59(4), 627-640.

Moely, B. E., McFarland, M., Miron, D., Mercer, S. e Ilustre, V. (2002). Changes in college students' attitudes and intentions for civic involvement as a function of service-learning experiences. *Michigan Journal of Community Service-Learning*, 9(1), 18-26. http://hdl.handle.net/2027/spo.3239521.0009.102

Naval, C., Arbués, E., & Verea, N. (2016). El Aprendizaje-Servicio como recurso pedagógico en la Universidad. *Educación y Diversidad*, 10(2), 107-123.

Naval, C., García, R., Puig, J., & Santos, M. A. (2011). *La formación ético-cívica y el compromiso social en el contexto universitario*. Pamplona: EUNSA.

Puig, J. M., Batlle, R., Bosch, C., & Palos, J. (2007). *Aprendizaje-Servicio. Educar para la ciudadanía*. Barcelona: Octaedro.

Puig, J. M., Gijón, M., Martín, X., & Rubio, L. (2011). *Aprendizaje-Servicio y educación para la ciudadanía*. Revista de Educación, número extraordinario, 45-67.

Puig, J. M., & Palos, J. (2006). Rasgos pedagógicos del Aprendizaje-Servicio. *Cuadernos de Pedagogía*, 357, 60-63.

Real Decreto 1791/2010, de 30 de diciembre, por el que se aprueba el Estatuto del Estudiante Universitario. *Boletín Oficial del Estado*, núm. 318, sección 1 (2010).

Rodríguez-Izquierdo, R. M. (2023). El valor de la colaboración en los proyectos de Aprendizaje-Servicio: La perspectiva de los agentes sociales. En R. M.

Rodríguez-Izquierdo y M Lorenzo Moledo (Eds), *El giro comunitario en el Aprendizaje-Servicio universitario* (pp. 13-32). Octaedro.

Rubio, L. (2010). El aprendizaje en el aprendizaje servicio. En J. M. Puig (Coord.), *Aprendizaje-Servicio (ApS). Educación y compromiso cívico* (pp. 91-105). Barcelona: Graó.

Santos Rego, M. A., Sotelino Losada, A., & Lorenzo Moledo, M. (2018). Aprendizaje-Servicio y misión cívica de la universidad. Una propuesta de desarrollo. Barcelona: Octaedro.

Santos Rego, M. A. (Ed.) (2020). *La transferencia de conocimiento en educación. Un desafío estratégico*. Narcea.

Service Learning 2000 Center (1996). *Service Learning Quadrants*. Palo Alto, CA.

Sotelino Losada, A., Mella Núñez, I. y Rodríguez Fernández, M. A. (2019). El papel de las entidades cívico-sociales en el Aprendizaje-Servicio. Sistematizando la participación del alumnado en el tercer sector. *Teoría de la Educación. Revista Interuniversitaria, 31*(2), 197-219. https://doi.org/10.14201/teri.20156

Tapia, M. N. (2010). La propuesta pedagógica del "Aprendizaje-Servicio": una perspectiva latinoamericana. *Tzhoecoen*, 5, 23-43.

Ugarte, C., Arantzamendi, M., Naval, C., Verea, N. y Arbués, E. (2021). Competencias profesionales y su desarrollo mediante Aprendizaje-Servicio en la universidad: perspectiva de los empleadores. *Revista Panamericana de Pedagogía*, 32, 78-98.

Warren, J. L. (2012). Does Service-Learning Increase Student Learning?: A Meta-Analysis. *Michigan Journal of Community Service Learning*, Spring, 56-61.

# Dimensiones para evaluar los proyectos de ApS en la Universidad

*Elaborada por Sara Ibarrola-García y Elena Arbués*

| 1. Aprendizaje | | |
|---|---|---|
| Dimensión | Principales aciertos y dificultades | Orientaciones hacia la mejora |
| **1.1 Vinculación curricular**<br>– La experiencia de ApS está conectada explícitamente con objetivos de la asignatura<br>– Se realiza un seguimiento académico del estudiante para valorar si se produce aprendizaje a través del ApS<br>– Se prepara previamente al alumnado para aprender del servicio a la comunidad, por ejemplo orientándole en cómo emplear estrategias de observación y reflexión | | |
| **1.2 Competencias transversales desarrolladas**<br>– Se fomenta el desarrollo de las competencias transversales propias de los estudios que cursa el alumnado | | |

| | | |
|---|---|---|
| **1.3 Orientación hacia la responsabilidad social**<br>– El proyecto desarrolla aprendizaje que fomenta la implicación social<br>– Está orientado hacia el aprendizaje cívico | | |
| **1.4 Rol del profesor**<br>– El profesor asume un rol de guía en el aprendizaje del alumnado durante el proyecto además de centrarse en transmitir el conocimiento necesario para su desarrollo | | |
| **1.5 Aprendizaje integrado**<br>– Se promueve (o cabría la opción de) que estudiantes de diferentes titulaciones, ámbitos de conocimiento o cursos trabajasen sobre el mismo proyecto de ApS con la necesidad de complementarse | | |

| 2. Servicio | | |
|---|---|---|
| Dimensión | Principales aciertos y dificultades | Orientaciones hacia la mejora |
| **2.1 Atención a la necesidad**<br>– La necesidad que se atiende está bien definida y evaluada | | |
| **2.2 Orientación hacia la comunidad**<br>– Se ha programado y organizado el servicio a realizar<br>– Se han definido las diferentes etapas del trabajo de manera clara<br>– Se conoce bien a la comunidad a la que nos acercamos, sus necesidades e intereses de mejora<br>– La relación con el socio comunitario es recíproca<br>– Se cumplen las responsabilidades y los roles asignados o acordados con el socio comunitario<br>– Se han tenido en cuenta las autorizaciones, permisos pertinentes o incluso el seguro de responsabilidad civil | | |

| 3. Proyecto | | |
|---|---|---|
| Dimensión | Principales aciertos y dificultades | Orientaciones hacia la mejora |
| 3.1 Aspectos de carácter organizativo<br>– Se han tenido en cuenta las fases a seguir en el desarrollo del proyecto: inicial, desarrollo y cierre<br>– Se trabaja con coordinación de curso/s adecuadamente (horarios, distribución de la carga de trabajo, etc.)<br>– La dedicación y la duración del proyecto de ApS son suficientes | | |
| 3.2 Dinámica del grupo-clase<br>– Se ha facilitado adecuadamente la coordinación entre los estudiantes<br>– Se fomenta el ambiente de cooperación, de diálogo, de respeto y de confianza mutua en clase | | |
| 3.3 Disponibilidad de recursos<br>– Se facilitan los recursos necesarios para la organización y ejecución del proyecto | | |
| 3.4 Reconocimiento académico<br>– Se reconoce el tiempo académico que dedica el profesorado | | |

| 4. Participación activa | | |
|---|---|---|
| Dimensión | Principales aciertos y dificultades | Orientaciones hacia la mejora |
| **4.1 Rol del estudiante**<br>– Los roles que asume el estudiante en la comunidad y en el aula son muy diferentes<br>– Se implica al alumnado en la detección de las necesidades sociales que pueden atender | | |
| **4.2 Nivel de participación**<br>– La participación del alumnado es simple, consultiva o proyectiva | | |

| 5. Reflexión | | |
|---|---|---|
| Dimensión | Principales aciertos y dificultades | Orientaciones hacia la mejora |
| **5.1 Evaluación**<br>– Se ofrecen oportunidades suficientes para que el alumnado opine, reflexione, sugiera, argumente o analice valoraciones ¿Cuándo y cómo se produce la reflexión?<br>– El proyecto contempla un sistema de registro (informes, diario, vídeos, fotografías)<br>– El proyecto cuenta con un sistema de satisfacción de los participantes<br>– Mejora del proyecto. Se realiza una evaluación por parte de todos los participantes con el objetivo de mejorar en las siguientes ediciones<br>– Se celebran los resultados. Divulgación | | |

# Ejemplo de estructura y rúbricas para evaluar un TFG con enfoque de ApS

*Facultad de Farmacia y Nutrición*

## Estructura recomendada para un TFG con enfoque de ApS

**1. Primera página** se ajustará al formato establecido. Se indicará:

- Título del trabajo

- Nombre completo

- Firma del estudiante

- Fecha

**2. Texto**. Se recomienda la redacción del texto en impersonal, salvo en el apartado "Valoración personal". A continuación, se proponen una serie de apartados, que según el tipo de TFG realizado, puede estar sujeto a ligeras variaciones:

- Resumen en castellano y en inglés (*Abstract*)

- Introducción

- Descripción del proyecto llevado a cabo o la propuesta de proyecto a realizar, incluyendo una reflexión y autoevaluación del proyecto realizado y una descripción del servicio a la comunidad que supone el TFG

- Conclusiones

a) *Resumen/abstract*. Debe adjuntarse en español y en inglés. Extensión 300 palabras aproximadamente, sin estructurarse. Al final del resumen deben figurar un máximo de 5 palabras clave de acuerdo con las incluidas en el *Medical Subject Headings (MeSH) del Index Medicus/Medline*, en inglés disponible en: http://www.ncbi.nlm.nih.gov/sites/entrez?db=mesh y traducirlas al castellano.

b) *Introducción*. Será breve y deberá proporcionar sólo la explicación necesaria para que el lector pueda contextualizar toda la información que se presenta en los siguientes apartados. No debe contener tablas ni figuras (a no ser que resulte alguna de ellas necesaria).

Debe contener un último párrafo en el que exponga de forma clara los objetivos del trabajo. Los objetivos también podrán enunciarse a modo de listado con viñetas.

c) *Descripción del proyecto llevado a cabo o la propuesta de proyecto a realizar*. Se incluye una reflexión y autoevaluación del trabajo desarrollado y del servicio a la comunidad del TFG.

d) *Conclusiones enunciadas en un párrafo o a modo listado con números.*

# Evaluación de las Competencias-Tutor

*TFG con enfoque de ApS*

*Apellidos y nombre del ESTUDIANTE*
*Apellidos y nombre del TUTOR*

| MEMORIA | Puntúe de 0 a 5 |
|---|---|
| **Presentación formal:** se adecua a las normas de presentación y redacción de estilo científico | |
| **Introducción:** se describe el interés del proyecto | |
| **Objetivos** planteados | |
| Se describe con detalle el proyecto llevado a cabo o a desarrollar | |
| Se incluye una reflexión y autoevaluación del trabajo desarrollado | |
| Se expone el servicio a la comunidad y la sociedad del trabajo realizado | |
| **Conclusiones:** acordes a los objetivos planteados y resultados obtenidos | |
| **Bibliografía:** calidad de las mismas (relación con el tema y actualidad) y citación uniforme y adecuada | |
| VALORACIÓN GLOBAL DE LAS COMPETENCIAS DEL ESTUDIANTE | Puntúe de 0 a 10 |
| Evolución, autonomía, capacidad de análisis y síntesis... | |
| TOTAL (De 0 a 50) | |

# Evaluación de las Competencias- Comisión Evaluadora

*TFG con enfoque de ApS*

*Apellidos y nombre del estudiante*

| MEMORIA | Puntúe de 0 a 5 |
|---|---|
| **Presentación formal:** se adecua a las normas de presentación y redacción de estilo científico | |
| **Introducción:** se describe el interés del proyecto | |
| **Objetivos** planteados | |
| Se describe con detalle el proyecto llevado a cabo o a desarrollar | |
| Se incluye una reflexión y autoevaluación del trabajo desarrollado | |
| Se expone el servicio a la comunidad y la sociedad del trabajo realizado | |
| **Conclusiones:** acordes a los objetivos planteados y resultados obtenidos | |
| **Bibliografía:** calidad de las mismas (relación con el tema y actualidad) y citación uniforme y adecuada | |
| TOTAL (De 0 a 40) | |

| PÓSTER | Puntúe de 0 a 5 |
|---|---|
| La información se presenta de forma lógica y visual | |
| Los apartados tienen una redacción clara y una extensión adecuada | |
| Las figuras y/o tablas son adecuadas para facilitar la comprensión de los resultados y justificar la discusión y conclusiones realizadas | |
| TOTAL (De 0 a 15) | |

| DEFENSA | Puntúe de 0 a 5 |
|---|---|
| **Presentación formal**: habla con claridad y precisión, uso correcto de términos científicos, entusiasmo en la presentación, uso del tiempo correcto para discutir todos los aspectos de su trabajo | |
| **Conocimiento del tema**: demuestra conocimiento del tema y contesta con precisión a las preguntas planteadas, ha comentado alguna referencia durante la presentación y/o defensa | |
| TOTAL (De 0 a 10) | |

Observaciones/comentarios

Nombre y Apellidos del evaluador Firma:

Pamplona, a ............... de .................. de 202...

# Contactos y enlaces web de interés

## Enlaces

Asociación Aprendizaje-Servicio Universitario:
https://www.apsuniversitario.org/investigacion/

European Observatory of Service-Learning in Higher Education:
https://www.eoslhe.eu/

Formulario de solicitud del sello ApS:
https://forms.gle/tnyNeJ9s8Q1NAkzG6

Grupo de Innovación Docente de Aprendizaje-Servicio Universidad de Navarra:
https://www.unav.edu/web/servicio-de-planificacion-y-mejora-de-la-docencia/grupo-aps

Red Española de Aprendizaje-Servicio:
https://www.aprendizajeservicio.net/que-es-el-aps/

Tantaka:
https://www.unav.edu/web/tantaka

## Experiencias y testimonios:

#EspacioUCA: Lecciones de vida:
https://www.youtube.com/watch?v=frGekmTmK1M

Jornada de cocreación 'Design Against Bias':
https://www.youtube.com/watch?v=ruERAA18H7Y

¿Qué es el Aprendizaje-Servicio?
https://www.youtube.com/watch?v=Wj-AAoOm9Zs

¿Qué pasa en el Claustro? Programa educativo en la catedral de Pamplona.
https://www.youtube.com/watch?v=FxVbKUAzTJ4

## Contacto:

Lourdes Orejana Martín
lorejana@unav.es

Servicio de Planificación y Mejora de la Docencia:
https://www.unav.edu/web/servicio-de-planificacion-y-mejora-de-la-docencia